Todo el material de este libro fue verificado como correcto en el momento de su publicación.

Los nombres, marcas comerciales y logotipos de las entidades y marcas nombradas en este libro son propiedad de sus respectivos dueños y se utilizan únicamente con fines de identificación. Este libro es una publicación de Quarto Publishing plc y no ha sido preparado, aprobado, respaldado o licenciado por ninguna otra marca, persona o entidad.

Para Anne, quien me introdujo por primera vez a todo lo relacionado con Texas. Un agradecimiento especial a David Courtney y a los bibliotecarios increíblemente serviciales de todo el Estado de la Estrella Solitaria.—H.A.

A Marc, Rocket y Gidget, ¡definitivamente nos tenemos que detener aquí en nuestro viaje!—J.T.

Texto © 2023 Heather Alexander L.L.C. Ilustraciones © 2023 Jen Taylor

Publicado por primera vez en 2025 por Wide Eyed Editions, un sello de The Quarto Group. 100 Cummings Center, Suite 265D, Beverly, MA 01915, Estados Unidos. Teléfono: +1 978-282-9590 Teléfono: +1 078-283-2742 www.Quarto.com

El derecho de Heather Alexander a ser identificada como la autora y de Jen Taylor a ser identificada como la ilustradora de esta obra ha sido reclamado por ellas de conformidad con la Ley de Derechos de Autor, Diseños y Patentes de 1988 (Reino Unido).

Todos los derechos reservados.

Ninguna parte de esta publicación puede ser reproducida, almacenada en un sistema de recuperación, o transmitida, en cualquier forma, o por cualquier medio, eléctrico, mecánico, fotocopia, grabación o de otro modo sin el permiso previo por escrito del editor o una licencia que permita la copia restringida.

Un registro CIP para este libro está disponible en la Biblioteca del Congreso.

ISBN 978-183-600-266-6
eBook ISBN 978-183600-268-0

Las ilustraciones fueron creadas digitalmente
Las fuentes usadas son Quicksand y Thirsty Script

Publicado por Georgia Amson-Bradshaw y Debbie Foy
Diseñado por Myrto Dimitrakoulia y Izzy Bowman
Editado por Lucy Brownridge y Helen Eby
Producción de Dawn Cameron

Fabricado en Guangdong, China TT042025
9 8 7 6 5 4 3 2 1

Solo en TEXAS

Escrito por **Heather Alexander** · Ilustrado por **Jen Taylor**

WIDE EYED EDITIONS

Índice

8–9	Bienvenidos a Texas
10–11	Austin
12–13	Estadísticas y datos
14–15	Houston
16–17	Cronología de la historia
18–19	Costa del Golfo
20–21	Deportes espectaculares
22–23	San Antonio
24–25	Árboles y flores
26–27	Hill Country
28–29	Museos y atracciones
30–31	Parque Nacional Big Bend
32–33	Gloriosa comida
34–35	El Paso
36–37	Animales asombrosos
38–39	Cuenca Pérmica
40–41	Inventos geniales
42–43	El Panhandle
44–45	Festivales divertidos
46–47	Fort Worth
48–49	Agentes de cambio
50–51	Dallas
52–53	Asombrados por la Madre Naturaleza
54–55	Bosque de Pinos
56–57	Raro, más raro, y rarísimo
58–61	Índice de palabras

Bienvenidos a Texas

Vamos a hacer un viaje alocado y maravilloso por carretera, donde ¡todo es grande, más grande, y grandísimo! Súbete a nuestra camioneta (imaginaria) y salgamos a pasear porque todo lo que puedas desear está dentro de las fronteras de este gigantesco estado. Visitaremos ranchos y rodeos, disfrutaremos de pantanos y playas, y caminaremos por tierras cultivadas, campos de flores y bosques. Vamos a escalar montañas y cañones, cruzar vastos desiertos y onduladas praderas, hacer compras en los pequeños pueblos y ciudades relucientes. Andaremos a caballo, remaremos por los ríos, festejaremos los touchdowns, comeremos comida deliciosa y conoceremos a gente de lo más amable. ¡No es de extrañar que el orgullo de Texas sea extraordinario! Mientras viajamos, presta atención a su increíble y excéntrica historia, edificios, atracciones, festivales, plantas, animales y personas que hacen que Texas sea tan único.

EL PASO

PARQUE NACIONAL BIG BEND

¿QUÉ TAN GRANDE ES TEXAS? ES TAN GRANDE QUE...
¡Ocupa el 7,4% de la superficie total del país!
¡15 de los 50 estados podrían caber dentro de él!
¡El Paso está más cerca de California que de la Costa del Golfo!

¡El arte está en todas partes! MURALES INCREÍBLES y el colorido arte callejero decoran los lugares más inesperados.

Uno de los apodos de Austin es "la ciudad de la corona violeta" por sus increíbles ATARDECERES PÚRPURAS. Otro apodo es "Colinas de la Silicona" por sus muchas EMPRESAS TECNOLÓGICAS.

¿Por qué la ciudad tiene una estatua de bronce de ANGELINA EBERLY en camisón, disparando un cañón? Una noche en 1842, Sam Houston (presidente de la república de Texas) y sus hombres trataron secretamente de reubicar la capital del estado a Houston trasladando furtivamente cajas de documentos históricos fuera de Austin. Eberly salió corriendo de su cama y disparó un cañón, asustándolos. Austin siguió siendo la capital. ¡Grande Angelina!

El RÍO COLORADO serpentea a través de Austin.

El último sábado de abril, Austin festeja al burro de los libros de Winnie the Pooh en la FIESTA DE CUMPLEAÑOS DE EEYORE con disfraces coloridos y, por supuesto, música en vivo.

Austin

Austin es la perfecta primera parada en nuestro peculiar viaje por carretera, porque esta ciudad es conocida por ser rara. ¡Y eso nos encanta! Austin es la capital del estado, y también se la llama la capital mundial de la música en vivo. Con más de 250 locales de música en vivo, puedes escuchar y cantar indie, rock, blues, country, jazz, pop o cualquier otra melodía que te guste. ¿Tienes hambre? Nos estamos preparando para salir, comer un bocado (o dos).

Estadísticas y datos
DATOS RÁPIDOS

ABREVIATURA: TX
CAPITAL: Austin
SE DECLARÓ ESTADO:
29 de diciembre de 1845, 28.° estado
NÚMERO DE CONDADOS: 254, ¡más que cualquier otro estado! Los fundadores crearon muchos pequeños condados para que nadie estuviera a más de un día de viaje a caballo desde su corte de justicia.
POBLACIÓN: Alrededor de 30 millones. Es el segundo estado más poblado (el primero es California).
SUPERFICIE: 268,596 millas cuadradas. Es el segundo estado más grande en superficie total (el primero es Alaska).

El apodo de **ESTADO DE LA ESTRELLA SOLITARIA** viene de la bandera tejana. Cuando la República de Texas se declaró independiente en 1836, el nuevo país diseñó una bandera con una sola estrella.

El inglés y el español son los dos **IDIOMAS MÁS HABLADOS** del estado. El vietnamita es el tercero.

Texas tiene la única **BANDERA ESTATAL** que era la bandera de una república independiente. Cada color tiene un significado: el rojo representa valentía, el blanco representa pureza, y el azul representa lealtad. El color rojo y el azul deben coincidir exactamente con los de la bandera de Estados Unidos.

Vecinos

NORTE: Nuevo México, Oklahoma, Arkansas **OESTE:** Nuevo

¿CÓMO OBTUVO TEXAS SU NOMBRE?

Se dice que el pueblo Caddo saludaba a los colonos españoles con "Taysha", una palabra para "amigo" que fue escrito en español como "Tejas" y luego en inglés como "Texas". Así que es lógico que el lema del estado es la "AMISTAD".

TEXAS TIENE (O PRODUCE) LA MAYOR CANTIDAD DE:

- Ganado
- Algodón
- Granjas y ranchos
- Heno
- Aceite
- Ovejas (y lana)

SUPERLATIVOS ESTATALES

- King Ranch en Kingsville es el rancho más grande del país. Con aproximadamente 1,289 millas cuadradas, es más grande que el estado de Rhode Island.
- El edificio del Capitolio del Estado de Texas en Austin es el CAPITOLIO ESTATAL más grande (pero no el más alto) del país.
- El Monumento a San Jacinto en Houston es el OBELISCO más alto del mundo. Es 13 pies más alto que el Monumento a Washington en Washington D.C.
- Bracken Cave, en las afueras de San Antonio, tiene la COLONIA de murciélagos más grande de América del Norte con más de 20 millones de murciélagos. Eso equivale a la población humana de Nueva York.
- La Isla del Padre es la ISLA BARRERA más larga del mundo.
- Se cree que la cueva de Phantom Springs es la cueva submarina más profunda del país
- El ROSEDAL Municipal de Tyler es el más grande del país con más de 38.000 rosales.
- ¡Abróchate el cinturón! Un tramo de la carretera estatal 130 entre Austin y San Antonio tiene el LÍMITE DE VELOCIDAD más alto del país: 85 millas por hora.
- La autopista Katy es la autopista más ancha del mundo con 26 carriles de ancho.
- Los Texas Rangers son la AGENCIA DE POLICÍA ESTATAL más vieja del país.
- El condado de Loving es el condado de EE. UU. con la menor cantidad de personas: tiene menos de 100.

México, México SUR: México, Golfo de México ESTE: Oklahoma, Arkansas, Luisiana, Golfo de México

Houston

Estamos a punto de despegar para una aventura extraordinaria en Houston, también conocida como Space City. La ciudad más grande de Texas y la cuarta más grande de la nación, Houston es la casa del Johnson Space Center (JSC), donde se encuentra la Dirección Nacional de Aeronáutica y Administración Espacial (NASA) que desde allí comanda sus misiones espaciales tripuladas y la parte estadounidense de la Estación Espacial Internacional. ¿Qué te parece? ¿Quieres viajar a las estrellas?

El centro espacial lleva el nombre del presidente de EE.UU. nativo de Texas LYNDON B. JOHNSON. Dato curioso: Todos en su familia tenían la iniciales LBJ. Incluso su perro se llamaba Little Beagle Johnson.

"Houston, tenemos un problema aquí". Después de que esas palabras famosas se recibieron del dañado APOLO 13 el 13 de abril de 1970, el Centro de Control de Misión reaccionó de inmediato, rescatando la nave espacial y su tripulación

¡Tan cerca, que podrías tocarlos! El Centro Espacial Houston, el centro para visitantes de JSC, tiene la colección más grande de ROCAS LUNARES exhibidas públicamente. Están protegidas en una recamara limpia especial.

El CENTRO DE CONTROL DE MISIÓN está muy ocupado cada vez que una tripulación está en el espacio. El 20 de julio de 1969, los astronautas del Apolo 11 Neil Armstrong y Buzz Aldrin se convirtieron en las primeras personas en CAMINAR SOBRE LA LUNA, y JSC planificó y coordinó el alunizaje.

En Houston hay muchísimos días de calor y humedad. Afortunadamente hay kilómetros de TÚNELES con aire acondicionado debajo de las calles del centro para que la gente camine a través de ellos para llegar a restaurantes, tiendas, edificios de oficinas y hoteles.

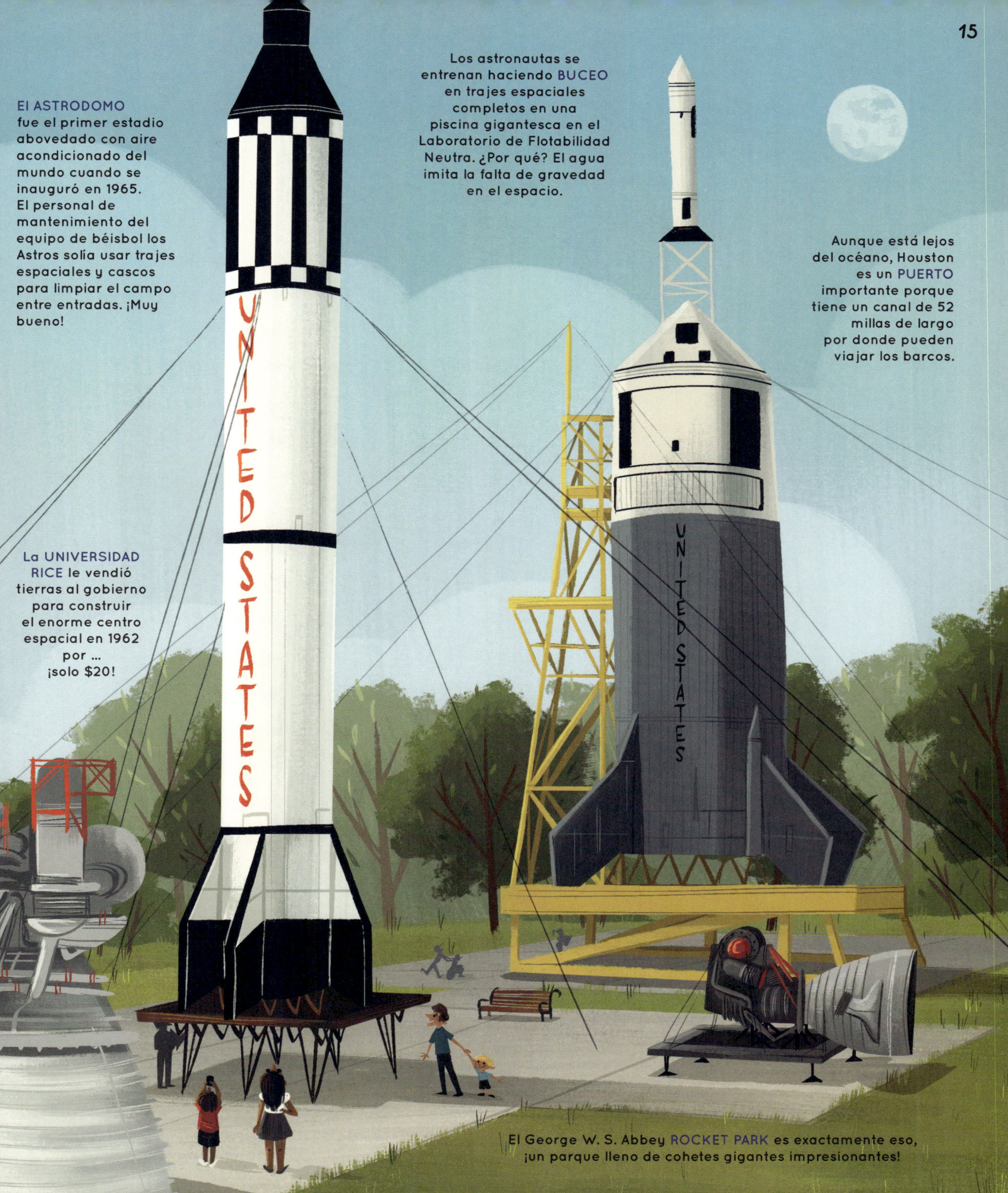

El ASTRODOMO fue el primer estadio abovedado con aire acondicionado del mundo cuando se inauguró en 1965. El personal de mantenimiento del equipo de béisbol los Astros solía usar trajes espaciales y cascos para limpiar el campo entre entradas. ¡Muy bueno!

Los astronautas se entrenan haciendo **BUCEO** en trajes espaciales completos en una piscina gigantesca en el Laboratorio de Flotabilidad Neutra. ¿Por qué? El agua imita la falta de gravedad en el espacio.

Aunque está lejos del océano, Houston es un **PUERTO** importante porque tiene un canal de 52 millas de largo por donde pueden viajar los barcos.

La **UNIVERSIDAD RICE** le vendió tierras al gobierno para construir el enorme centro espacial en 1962 por … ¡solo $20!

El George W. S. Abbey **ROCKET PARK** es exactamente eso, ¡un parque lleno de cohetes gigantes impresionantes!

Cronología de la Historia

¡Hace 225 a 65 millones de años vagaban los dinosaurios! En Texas se han encontrado fósiles de 21 especies diferentes, incluyendo el Tyrannosaurus Rex.

De 16,000 a 20,000 años atrás Hay evidencia de que humanos vivían en lo que hoy es Texas. Antes de la llegada de los europeos, decenas de pueblos indígenas poblaban toda la región, incluidos los pueblos Atakapa, Caddo, Coahuilteca, Jumano y Karankawa. Más tarde llegaron los Apaches, Cheroqui, Chickasaw, Comanche, Kickapoo, Shawnee y Wichita.

1519 El capitán español de navío Alonso Álvarez de Piñeda traza el mapa de la costa del Golfo de México.

1845 Texas se convierte en el 28.º estado en los Estados Unidos de América. Es el único estado que entra por tratado en vez que por anexión territorial. Esto ayuda a fomentar la guerra entre México y Estados Unidos.

1842 Agricultores y artesanos alemanes empiezan a instalarse en Hill Country.

1836 Tropas texanas derrotan al ejército mexicano en la batalla de San Jacinto ¡en solo 18 minutos! El 2 de marzo (Día de la Independencia de Texas) Texas se convierte en su propio país, con bandera y constitución propia.

1845 Abre la Universidad de Baylor, ahora conocida como la universidad activa más vieja del estado.

1848 El Tratado de Guadalupe Hidalgo finaliza la Guerra México-Americana. El Río Grande se convierte en la Frontera entre Estados Unidos y México.

1853 El primer ferrocarril comienza a funcionar en Texas.

1854 Richard King ofrece a los vaqueros expertos de Cruillas, México, trabajos en su nuevo rancho enorme, impulsando el movimiento de la industria ganadera en Texas.

1861–1865 Se pelea la guerra civil. Texas, donde la esclavitud era legal, se separa de la Unión y pasa a formar parte de la Confederación.

1961 Henry B. González es el primer representante hispano del estado en el Congreso de los Estados Unidos.

1957 Raymond Lorenzo Telles Jr. es el primer mexicanoamericano elegido como alcalde de una ciudad importante de Estados Unidos (El Paso).

1953 Dwight D. Eisenhower se convierte en el primer presidente de Estados Unidos nacido en Texas.

1946 "Asalto" es el único caballo criado en Texas que gana la Triple Corona.

1944 Se crea el Parque Nacional Big Bend

1963 Presidente John F. Kennedy es asesinado a tiros mientras viaja en auto en Dallas. El vicepresidente Lyndon B. Johnson, nacido en el centro de Texas, es nombrado presidente.

1968 San Antonio es sede de la Exposición Internacional.

1969 El Control de Misión, en el Centro Espacial Johnson de Houston, ayuda al Apolo 11 a aterrizar en la Luna.

1975 Los inmigrantes vietnamitas vienen a la costa del Golfo después de la caída de Saigón, porque el clima y la industria pesquera son similares.

1528 Alvar Núñez Cabeza De Vaca naufraga en la Isla de Galveston y pasa ocho años con los indígenas antes de volver a España.

1682 España establece el primer pueblo europeo permanente cerca de El Paso.

1685 El explorador francés René-Robert Cavelier, Sieur de La Selle, navega hacia el este de Texas. Su colonia solo dura unos años.

1718 San Antonio de Valero es una de las decenas de Misiones construidas por los españoles en Texas para convertir a los pueblos nativos al cristianismo.

1776 Se firma la Declaración de la Independencia de Estados Unidos.

1836 Doscientos tejanos defienden el Álamo contra el ejército mexicano liderado por Antonio López de Santa Anna, pero casi todos mueren. "¡Recuerden El Álamo!" se convierte en el grito de guerra de Texas.

1821 México gana la guerra por la independencia contra España y Texas se convierte en parte de México.

1865 Aunque el presidente Abraham Lincoln firma la Proclamación de Emancipación en 1863, no es hasta el 19 de junio de 1865 que los esclavizados de Texas se enteran de que fueron liberados.

1870 Texas es readmitido a los Estados Unidos.

1874 Cuando el ejército de EE.UU. comenzó a remover a la fuerza a los Comanche, Kiowa, Cheyenes del Sur y los Arapaho de sus llanuras natales sureñas, estas poblaciones nativas se opusieron, luchando contra ello, lo que llevó a la Guerra del Río Rojo. Ganaron las armas del ejército, y los nativos se vieron obligados a reubicarse a las reservas indígenas.

1924 Miriam "Ma" Ferguson se convierte en la primera mujer electa como gobernadora de Texas.

1910 El primer vuelo militar de EE. UU. tiene lugar en San Antonio.

1901 Con el descubrimiento de petróleo en Spindletop, cerca de Beaumont, comienza el boom petrolero.

1900 El Gran Huracán destruye la mayor parte de Galveston.

1988 George H. W. Bush, residente de Houston, es elegido presidente.

1993 Kay Bailey Hutchison es la primera mujer de Texas electa al Senado de los Estados Unidos.

2000 El ex gobernador de Texas, George W. Bush, es elegido presidente.

2005 Joe Chow, de Addison, se convierte en el primer alcalde chino-americano de Texas.

2019 An Truong, de Haltom City, se convierte en el primer alcalde vietnamita-americano de Texas.

Costa del Golfo

Estamos pasando un día en la playa en la costa del Golfo, una costa de 367 millas que bordea el Golfo de México. Inhala el aire salado del océano mientras hundes tu pies en las playas de arena suave de Galveston, Isla del Padre, Corpus Christi y la Isla Mustang. Las aguas son tan cálidas que te sentirás como si estuvieras nadando en una bañera enorme. La Costa del Golfo es el lugar perfecto para cavar en la arena buscando cangrejos y conchas, para sentir la brisa andando en bicicleta, para observar delfines.

Visita a los pacientes de Sea Turtle, Inc., un HOSPITAL DE TORTUGAS MARINAS en la isla South Padre.

Llama a la línea directa de crías durante verano para saber cuándo nacerán las crías de tortugas Kemp Ridley en la playa de North Padre Island. Luego observa a las DIMINUTAS TORTUGAS correr hacia las olas.

¡Déjate llevar por el KITEBOARDING! Balanceándote sobre una tabla de surf, te sostienes a una cometa y dejas que el viento te lleve a través de las olas. ¡Whoosh!

Las cálidas aguas del Golfo son el hogar de CAMARONES blancos, rosas, y marrones.

Con su espiral en sentido antihorario, la concha LIGHTNING WHELK es caracol marino oficial del estado. La LIGHTNING WHELK es un caracol que habita en el mar y utiliza un único pie poderoso para abrir una almeja y darse un festín.

La Costa del Golfo es tan Grande que a menudo se le llama la TERCERA COSTA de la nación.

Un MALECÓN de 10 millas de largo protege a Galveston de mareas altas y marejadas ciclónicas.

La CORRIENTE DEL GOLFO, que comienza en las cálidas aguas del Golfo de México, es una de las corrientes oceánicas más fuertes del mundo. Fluye a través de el Océano Atlántico, hacia arriba hasta Europa del norte.

Cuelga diez en el museo de TEXAS SURF en Corpus Christi para aprender sobre los jinetes de ola de la estrella solitaria.

Monta la MONTAÑA RUSA TIBURÓN DE HIERRO muy por encima de las olas. ¡Tiene 100 pies de alto y luego te envía cayendo en picada... a 50 millas por hora!

¡Superautopista en el cielo! Pájaros recorriendo la RUTA MIGRATORIA CENTRAL, una ruta migratoria entre Canadá y México o América Central/ América del Sur, usan la Costa del Golfo como parada de descanso.

Enormes plataformas petrolíferas de acero bombean petróleo del fondo del océano. Las plataformas emplean a tanta gente que se llaman "ciudades flotantes".

TRUCHA MOTEADA (motas) y la GALLINETA NÓRDICA (rojos) son algunas de las pescas de agua salada más deseadas.

Tira tu anzuelo en el muelle Desembarco del Pirata en Port Isabel, el MUELLE más largo del estado.

Puedes tomar lecciones sobre CASTILLOS DE ARENA con tu familia en la South Padre Island.

Galveston está en una ISLA BARRERA, una larga y estrecha franja de arena que se asienta paralela a la orilla de la costa.

Deportes espectaculares

Encontrarás a tejanos en canchas y pistas en todas partes del estado. También son los mejores fanáticos, aplaudiendo súper fuerte para sus atletas y equipos favoritos.

¿Cuántos EQUIPOS DEPORTIVOS PROFESIONALES del Estado de la Estrella Solitaria puedes nombrar? Fíjate en la última página de este libro para ver una lista de algunos de ellos.

El FÚTBOL AMERICANO y Texas van juntos como chips de tortillas y queso cheddar fundido. No importa si es NFL, de universidad o escuela secundaria— el fútbol americano es una forma de vida.

Un poco de **FÚTBOL AMERICANO UNIVERSITARIO** Rivalidades con nombres extravagantes: Enfrentamiento en el Río Rojo = Universidad de Texas en Austin vs. la Universidad de Oklahoma Sartén de hierro = Universidad Metodista del Sur vs. Universidad Cristiana de Texas El Balde Bayou = Universidad de Houston vs. Universidad de Rice

Las **CARRERAS DEL BARRIL** son conocidas por sus giros a altas velocidades del caballo y jinete, quienes corren en patrón de trébol alrededor tres barriles. La ciudad de Llano se hace llamar la capital de Texas del "Barrel Racing".

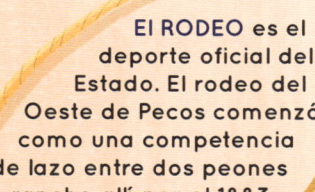

El **RODEO** es el deporte oficial del Estado. El rodeo del Oeste de Pecos comenzó como una competencia de lazo entre dos peones de rancho allí por el 1883.

Nacida en Brownfield, **SHERYL SWOOPES** fue una estrella de la universidad Texas Tech, ganando tres veces la medalla de oro olímpica y fue la primera jugadora en firmar con la WNBA, donde fue declarada la MVP (la jugadora más valiosa) tres veces. ¡Guau!

El **TROFEO HEISMAN**, otorgado al jugador universitario más destacado del fútbol, fue llamado así por John William Heisman, el primer entrenador de tiempo completo y director atlético de la Rice Universidad de Houston.

¿Tienes un minuto libre? Ve a los carriles en el Museo Internacional de BOWLING y Salón de la Fama en Arlington. El bowling es un juego antiguo: ¿sabías que un conjunto de bolos fue descubierto en una antigua tumba egipcia?

Tres hurras por Lawrence Herkimer, inventor de la HERKIE JUMP y el pompón moderno. Texas Tech, Navarro College y Trinity Valley Community College cuentan con algunos de los principales equipos de vuelos altos de PORRISTAS de la nación.

¡Sueños de aro de baloncesto! Los HOUSTON COMETS son el único equipo de la WNBA en llevarse a casa cuatro campeonatos consecutivos.

El primer DANCE DRILL TEAM fue creado por Gussie Nell Davis en la Escuela Secundaria de Greenville y luego en Kilgore College.

¡Vrroom! A. J. FOYT, nacido en Houston, es uno de los mejores corredores de todos los tiempos, con récords múltiples incluyendo 67 victorias en IndyCar y 7 campeonatos IndyCar. La FÓRMULA UNO se corre en el Austin Circuito de las Américas, y las carreras NASCAR e INDYCAR en el Autódromo de Texas en Fort Worth. !

SHAQUILLE O'NEAL, el quince-veces-All-Star de la NBA jugó baloncesto durante la secundaria en San Antonio.

Mientras que el águila es la MASCOTA más común para los equipos de las escuelas secundarias de Texas, algunas escuelas se jactan de porristas únicos:

Abernathy Antelopes
Cuero Gobblers
Frost Polar Bears
Grand Prairie Gophers
Grandview Zebras
Hamlin Pied Pipers
Hutto Hippos
Killeen Kangaroos
Lake Worth Bullfrogs
Mesquite Skeeters
New Braunfels Unicorns
Springtown Porcupines
Trent Gorillas

San Antonio

Hemos llegado a la segunda ciudad más grande del estado, San Antonio, y su famoso Paseo del Río. El paseo festivo, bordeado de cipreses, serpentea a lo largo de ambos lados del río San Antonio. Pequeños puentes de piedra arqueados te ayudarán a cruzar el agua con facilidad, mientras bandas de mariachis tocan frente a restaurantes y tiendas. En la Fiesta de San Antonio, por diez días de abril, el Paseo del Río se transforma en una explosión de color. La gente viste ropa colorida, sarapes con medallas coleccionables, y sombreros.

Deslízate a través de la ciudad en TAXI ACUÁTICO! El pueblo nativo Payaya llamaba al río Yanaguana, o "Aguas refrescantes".

Cada día de San Patricio, el río se vuelve VERDE gracias a un sistema ecológico de tintura y se rebautiza como río Shannon, en honor de un río de Irlanda.

El distrito de compras de El Mercado es el MERCADO mexicano más grande de la nación.

Un cruce entre un huevo de Pascua y una piñata, los CASCARONES son cáscaras de huevo de colores brillantes rellenas de papel picado. Se rompen sobre las cabezas de seres queridos y se dice que la lluvia de papel picado trae buena suerte.

¿Puedes adivinar cuál es el lugar más visitado de Texas? **EL ALAMO**. Construido por misioneros españoles, el fuerte amurallado es famoso por la batalla de 1836 durante la revolución de Texas.

La **PLAZA PRINCIPAL** data de 1731 y es uno de los parques públicos más antiguos en los EE. UU.

¡Manteniéndonos frescos! San Antonio es el hogar del primer rascacielos, banco, hotel, e iglesia católica con **AIRE ACONDICIONADO**.

El **PUENTE DE ROSITA** fue nombrado en honor a Rosita Fernández, una cantante mexicoamericana considerada "La Primera Dama de la Canción de San Antonio". El puente **SELENA** fue nombrado por la famosa cantante tejana Selena Quintanilla Pérez.

Desde e-scooters y platería hasta anillos de diamantes y computadoras portátiles, todo esto y mas han sido encontrados al fondo del río durante sus **LIMPIEZAS** periódicas.

Árboles y flores

Los árboles y las flores del Estado de la Estrella Solitaria dan la sombra tan necesaria en el calor brutal del verano, proporcionando también hogares para animales, y le dan una explosión natural de color a las colinas y las llanuras. ¿Sabías que Texas fue el primer estado en plantar flores a lo largo de las carreteras estatales? ¡Muy, muy bonito!

Ninguna flor dice Texas mejor que la flor del estado, la BLUEBONNET. Muchos piensan que su pétalos tienen forma de cofia. Cada año, el Festival Oficial Bluebonnet del Estado de Texas tiene lugar en Chappell Hill.

El PECAN es el árbol del estado y el pastel de pecan es el pastel del estado. Pero ¿sabías que las nueces pecan no son nueces? Son drupas: una fruta con un hueso (como un melocotón). Lo que ingieres cuando comes una nuez pecan es el hueso (no como cuando comes un melocotón).

El nombre de LOBLOLLY PINE proviene de una palabra coloquial para referirse a la avena grumosa que una vez se le servía a los marineros ingleses. En 1971, semillas de loblolly viajaron a la luna a bordo del Apolo 14. Luego, estas "semillas lunares" se plantaron en todo el país, incluyendo algunas en la Casa Blanca.

El árbol de JUJUBE más grande del país (también llamado árbol de dátiles rojos chinos) se destaca con sus 45 pies de altura en el Jardín Botánico de Fort Worth. Su pequeño fruto tiene un sabor dulce a manzana.

Las tribus nativas y los colonos que cruzaban Texas se alegraban cuando veían un álamo, porque eso significaba que había agua cerca.

Puedes comer las hojas y el fruto del CACTUS NOPAL, la planta del Estado. ¡Solo asegúrate de quitarle las espinas!

Las flores moradas del LAUREL DE MONTAÑA DE TEXAS tienen un aroma como el Kool-Aid de uva. ¡En serio!

No sabemos quién le dio el nombre al TEXAS REDBUD, porque sus flores son de color rosa púrpura. La ciudad de Denton se hace llamar "la capital del Texas Redbud".

La FLOR SOMBRERO MEJICANO se asemeja a un sombrero de ala ancha.

Los primeros pioneros rellenaban sus colchones con flores secas de TICKSEED (también llamadas coreopsis) para ayudar a repeler pulgas y chinches.

¿Puedes adivinar por qué LA FLOR DE CESTERÍA AMERICANA también se denomina Brocha de Afeitar?

El poderoso ROBLE TREATY de Austin es el único sobreviviente del Concilio/Consejo de ROBLES, una arboleda de 14 robles vivos que era un lugar sagrado para encuentros de los nativos. Según la leyenda, Stephen F. Austin firmó un tratado de límites entre sus colonos, los Tonkawa y los Comanche bajo sus ramas.

Hill Country

¡Flores, flores en todas partes! Estamos en Hill Country, el corazón de Texas. El terreno es escabroso, pero no es alto en elevación, lo que significa muchas colinas (obviamente), así como manantiales cristalinos y cañones de piedra caliza. Cada primavera, un arco iris de flores silvestres cubre las colinas onduladas. De hecho, más de 5,000 especies de flores silvestres florecen en Texas.

Los inmigrantes de la República Checa y Alemania trajeron a Texas la POLKA, un baile rápido con música animada. La MÚSICA TEJANA surgió al combinar la música mexicana con música de polka.

Puedes buscar el raro TOPACIO azul, la joya del estado, en el condado de Mason.

¡Hablemos del Texas fuerte! Los árboles de ENEBRO ASHE han crecido en Hill Country por unos 125,000 años.

El pájaro cantor GOLDENCHEEKED está en peligro de extinción y solo se encuentra en Hill Country. Utiliza la corteza del enebro Ashe para construir sus nidos.

La difícil CARPA GUADALUPE es el pez oficial del estado. Estuvo cerca de la extinción, pero se está recuperando en los ríos y arroyos rurales de Hill Country.

Salta al remanso de natación en el POZO DE JACOB, considerado el lugar con el sistema de cuevas submarinas más largo del estado.

La ROCA ENCANTADA, una de las formaciones rocosas más grandes del país, es una cúpula enorme de granito rosa.

New Braunfels y Fredericksburg son solo un par de las ciudades de Hill Country fundadas por inmigrantes ALEMANES. Prueba el STRUDEL hojaldrado de manzana en Naeglin's, la panadería más antigua de Texas (1868).

Las leyendas dicen que la Roca Encantada está EMBRUJADA, pero los científicos dicen que los misteriosos crujidos se deben al enfriamiento de la roca cuando se pone el sol. Otra leyenda dice que pasar la noche en la roca te vuelve invisible. Lo siento, ¡no hay explicación científica para eso!

La ciudad de Rocksprings dice ser la "Capital del Mundo de CABRA ANGORA". El pelo esponjoso de cabra ANGORA, llamado MOHAIR, se utiliza para hacer suéteres y calcetines súper suaves.

Hill Country se encuentra sobre la enorme meseta de EDWARDS. Una meseta es una tierra alta y plana.

Museos y atracciones

¿Qué es mejor que las emociones de alto vuelo en los parques de diversiones y exhibiciones curiosas en los museos? Cuando se amplifican por lo extravagante e inusual!

El Museo de Viajes y Casas Rodantes Jack Sisemore en Amarillo tiene la la casilla rodante **AIRSTREAM** más antigua del mundo.

¡Escoge tu juego! Dos **RUEDAS DE LA FORTUNA** en Dallas te levantan alto en el cielo: la Estrella de Texas en la feria estatal y la Gran Rueda de Escape en la ciudad de The Colony.

"¡Hola, amigos!" **GRAN TEX** les da la bienvenida a los visitantes a la **FERIA ESTATAL ANUAL DE TEXAS** en Dallas. Es el vaquero más alto del mundo con 55 pies de altura y un sombrero de 95 galones. En verdadero estilo tejano, todo es grande en esta feria. ¡hasta su duración de 24 días!

El **MUSEO DEL ARTE DEL ASIENTO DEL INODORO DE BARNEY SMITH** en The Colony exhibe 1,400 asientos de inodoros decorados. ¡Vaya! ¿Por qué hay un cactus saguaro aquí? Lo creas o no, no crecen en Texas. El cactus nopal, sí.

El primer parque de diversiones **SIX FLAGS** abrió sus puertas en 1961 en Arlington e introdujo a los visitantes al tobogán de troncos y a los paseos en tren de la mina. Alcanza nuevas alturas mientras te balanceas por el aire en el SkyScreamer durante el Six Flags Fiesta Texas.

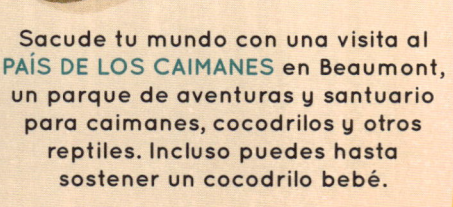

Sacude tu mundo con una visita al **PAÍS DE LOS CAIMANES** en Beaumont, un parque de aventuras y santuario para caimanes, cocodrilos y otros reptiles. Incluso puedes hasta sostener un cocodrilo bebé.

Resbala, deslízate y salpica en el Master Blaster, un **TOBOGÁN ACUÁTICO** cuesta arriba en el Nuevo Braunfels' Kalahari Resort en Round Rock, hogar del Schlitterbahn ("camino resbaladizo" en alemán). Es el **PARQUE ACUÁTICO BAJO TECHO** más grande del país.

Todo el mundo puede jugar en el ¡PAÍS DE LAS MARAVILLAS de MORGAN'S en San Antonio! El primer parque de diversiones del mundo inclusivo centrado en personas con capacidades diferentes. El parque cuenta con más de 25 juegos y paseos accesibles a sillas de ruedas.

Nadie morirá del aburrimiento en el MUSEO NACIONAL DE LA HISTORIA FUNERARIA en Houston. ¡Tiene hasta una colección de autos fúnebres!

El Museo Histórico de las Llanuras del Panhandle es EL MUSEO DE HISTORIA MÁS GRANDE en Texas.

Vuélvete salado en el MUSEO DEL PALACIO DE LA SAL en Grand Saline, donde las paredes están echas de bloques de sal.

En el Salón de la fama y museo del CABALLO CUARTO DE MILLA AMERICANO en Amarillo, se celebra la popular raza de caballos utilizada en los ranchos. El caballo cuarto de milla consiguió su nombre porque puede correr más rápido que cualquier otro caballo en carreras de cuartos de milla (o menos).

¿Te encantan los videojuegos? En el MUSEO NACIONAL DE VIDEOJUEGOS en Frisco, puedes aprender sobre su historia y jugar algunos videojuegos retro geniales.

Cada día alegre es Navidad en el MUSEO DE SANTA CLAUS en Colón!

El ZOOLOGICO DE FORT WORTH se inauguró en 1909 con un león, dos cachorros de oso, un caimán, un coyote, un pavo real, y unos cuantos conejos. Es el zoológico en continua operación más antiguo en Texas.

A orillas del Río Grande, EL MUSEO DEL AGUA DE LAREDO profundiza la importancia de conservar nuestro frágil recurso.

Parque nacional Big Bend

Con 801,163 acres, el Parque Nacional Big Bend es más grande que otro estado. En la esquina suroeste del estado, Big Bend es uno de los parques nacionales más remotos del país. Pero eso significa gran diversión mientras exploramos la escarpada naturaleza, los cañones profundos, las imponentes montañas Chisos, y el vasto desierto chihuahuense. Además, el parque cuenta con más tipos de aves, murciélagos, mariposas, hormigas y escorpiones que cualquier otro parque nacional, ¡y eso es súper importante!

¡Mirar las estrellas es lo máximo! El parque es un PARQUE INTERNACIONAL DE CIELO OSCURO y tiene registrados los cielos más oscuros de los 48 estados contiguos de EE. UU.

Se han encontrado muchos fósiles en el parque, incluyendo un PTEROSAURIO volador gigante y el cráneo de un CHASMOSAURUS.

El BICHO CONENOSE también es conocido como vinchuca, bicho vampiro y bicho asesino, porque le gusta chupar tu sangre. . . ¡Por la noche!

¡Llévame al río! El RIO GRANDE forma la frontera entre México y el Parque Nacional Big Bend. El parque recibió su nombre porque el Río Bravo hace un giro en forma de "U" o una gran curva.

¡Retuércete como en el twist! El árbol TEXAS MADRONE tiene una corteza rojo brillante que se pela y ramas súper retorcidas.

Los KAYAKISTAS disfrutan de los rápidos y a los BALSEROS les gusta flotar río abajo por los acantilados imponentes de piedra caliza del cañón de Santa Elena.

Big Bend cuenta con 450 especies reportadas de aves. Es el único lugar del país para ver la **CURRUCA de COLIMA,** pero tendrás que caminar cuesta arriba durante un día completo bajo el sol ardiente para ¡ver una en la cima de las Montañas Chisos!

Durante el verano, miles de **MARIQUITAS** se reúnen en lo alto de los picos montañosos en un enjambre volador rojo y negro.

Las Montañas Chisos del parque se llaman **ISLAS DEL CIELO** porque sus picos altos están rodeados de desierto llano.

LECHUGUILLA, una planta espinosa a veces utilizada para hacer cuerdas, es una **ESPECIE INDICADORA** del desierto Chihuahuense. Así que si te dejaran al azar al lado de este arbusto, sabrías exactamente dónde estás porque solo crecen en el desierto Chihuahuense.

Los **COYOTES** pueden saltar hasta 14 pies y alcanzar las 40 millas por hora en un esprint. Corren con la cola hacia abajo, mientras que los lobos corren con la cola derecha hacia atrás, y los perros con la cola hacia arriba.

El cuerpo grande del **GRAN CORRECAMINOS** hace que le sea difícil volar por más de unos pocos segundos. ¡No hay problema! Este pájaro veloz puede correr a velocidades de 26 millas por hora, más rápido que un e-scooter.

Gloriosa comida

Texas es un paraíso para los amantes de la comida. Sus platos populares y sabores deliciosos reflejan los diversos grupos que han hecho del estado su hogar.

TEX-MEX es un mezcla de comida mexicana y cocina tejana. Tex-Mex usa tortillas de harina, queso amarillo en abundancia, carne molida y comino.

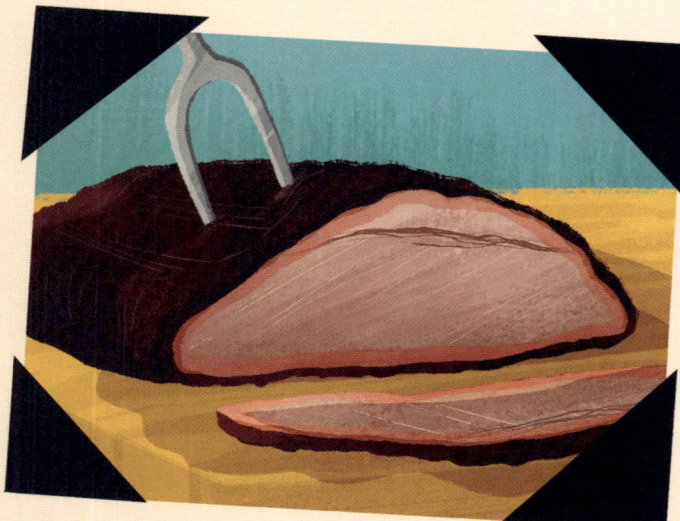

No hay lugar como Texas para la **BARBACOA**. Hay tantas maneras deliciosas de comerla: a la parrilla, ahumada a fuego lento, pecho de res picado con salsa en un panecillo, y la barbacoa, tradicionalmente hecha con la cabeza o lengua de una vaca.

El queso cheddar derretido del **CHILE CON QUESO** es más popular que la pizza en Texas. ¡Los concursos de queso (cheese) se llaman cheeseoffs!

Llamado "chili con carne", el verdadero **CHILI** de Texas no tiene frijoles, solo carne de res, chiles y algunas otras especias. Punto. De hecho, los frijoles están prohibidos en el Campeonato Internacional del Chili en Terlingua.

¡A probar los **KOLACHES**! Los inmigrantes de lo que es ahora la República Checa introdujeron este dulce relleno de frutas se introdujo a la pastelería del Texas Central. ¡El 1 de marzo es el Día Nacional del Kolache!

El verano siempre se trata del helado **BLUE BELL**. En 1907, la empresa láctea Brenham empezó haciendo mantequilla, pero unos años más tarde comenzaron a batir helado. El sabor más popular todavía es la Vainilla Casera. ¿Cuál es tu sabor preferido?

El sabor de BIG RED, un refresco creado en Waco en 1937, se ha comparado con todo, desde el chicle hasta el algodón de azúcar.

No hay nada de pollo en ¡FILETE DE POLLO FRITO! La chuleta de bistec, rebozada con harina y frita como lo harías con el pollo, se sirve con salsa gravy y puré de papas.

Difunde tu amor con la la JALEA DE PIMIENTO PICANTE, inventada en Lake Jackson en la década de 1970. Los tejanos la agregan a todo.

La CASCABEL frita tiene un sabor muy similar a un pescado blanco huesudo.

Cuando Harmon Dobson abrió su primer restaurante WHATABURGER en 1950 en Corpus Christi, su objetivo era hacer una hamburguesa que necesitaría dos manos para sostenerla y que al saborearla dijeras "WHATABURGER" (¡Qué hamburguesa!) Bien hecho, Harmon.

El PASTEL DE CHOCOLATE DE TEXAS ancho y plano está hecho con dos ingredientes favoritos del Estado de la Estrella Solitaria: nueces pecan y suero de mantequilla.

El TEXAS TOAST comenzó en el restaurante Pig Stand en Beaumont en 1941, cuando la rebanada súper gruesa de un pan no cabía en la tostadora. Uno de los cocineros la untó con mantequilla de ambos lados, la puso en una plancha ¡y creó la tostada perfecta para absorber salsa gravy cremosa!

¡Es temporada de TAMALES! Los paquetes de hojas de maíz rellenos con masa y carne (o frijoles) son una tradición de Nochebuena. Las familias se reúnen en la cocina para las tamaladas, fiestas de elaboración de tamales.

¡Viva el BÁNH MÌ! El cálido y tostado sándwich vietnamita viene repleto de carnes a la brasa y verduras en escabeche.

El Paso/Ciudad Juárez son **CIUDADES GEMELAS**. Todos los días la gente cruza la frontera en ambas direcciones para ir a trabajar, ir a la escuela y hacer muchas otras cosas. El Paso es el segundo punto de cruce internacional más transitado del país. Otras ciudades gemelas a lo largo del Río Bravo son Laredo/Nuevo Laredo y Brownsville/Matamoros.

El Paso se llama **CIUDAD DEL SOL** porque tiene alrededor de 300 días de sol al año.

Ponte las **BOTAS VAQUERAS**, ¡el calzado oficial del estado! Con tantos fabricantes de botas en la ciudad, El Paso se auto nomina "Capital Mundial de las Botas".

El Paso

El sol brilla intensamente mientras seguimos la curva del Río Grande o Río Bravo del Norte hacia El Paso, en el extremo occidental de Texas. El Paso solía llamarse El Paso del Norte porque su valle era la mejor (y realmente única) manera de que los carros viajaran rodeando las montañas Franklin. El río actúa como una frontera entre El Paso en Estados Unidos y Ciudad Juárez en México, y la rica cultura mexicana lo tiñe todo en El Paso, desde su arquitectura hasta su comida y celebraciones.

Súbete a bordo de un **TRANVÍA** para pasear por la ciudad. En la década de 1880, los tranvías venían tirados por mulas. La mula más popular se llamaba Mandy.

Desde el 1935, El Paso ha sido sede del **SUN BOWL**, la competencia de fútbol americano universitario postemporada más vieja del estado.

La ciudad se encuentra en la región **TRANS-PECOS** del estado.

Una **ESTRELLA** gigantesca (de más de 400 pies de largo y 300 pies de ancho) del lado de las montañas Franklin se ilumina con más de 400 bombitas de luz. Es la estrella iluminada más grande del mundo, hecha por el hombre.

La única cárcel del Viejo Oeste a la que el forajido Billy the Kid alguna vez irrumpió (en lugar de escapar) fue la **CÁRCEL SAN ELIZARIO**. Se hizo pasar por un Texas Ranger tratando de engañar a un guardia para que libere a un amigo.

HUECO TANKS, una cuenca de roca en el desierto de Chihuahua, tiene cavidades, o huecos, que se llenan de agua de lluvia. Durante miles de años, los Kiowa, Apaches Mescaleros, Comanche, Tigua y los nativos de Isleta del Norte Pueblo se reunían aquí. Dejaron atrás pinturas que cuentan sus historias en los muros y las cuevas.

¡DOS HUSOS HORARIOS! La mayor parte de Texas usa la hora estándar central, pero los condados de El Paso y Hudspeth funcionan en hora estándar de montaña. Si son las 9 a.m. en Austin, son las 8 a.m. en El Paso.

Animales asombrosos

Como el estado cuenta con tantos paisajes diversos, es el hogar de más 142 especies diferentes de animales, incluyendo algunos que solo se encuentran en Texas. Conoce a algunos de nuestros amigos favoritos emplumados, peludos y espeluznantes.

Los **BISONTES** alguna vez deambularon por las Grandes Llanuras y fueron una fuente importante de alimento para las tribus nativas hasta que los ganaderos los cazaron casi hasta la extinción. Hoy la manada de bisonte oficial del estado de Texas vive en el Caprock Canyons State Park.

¡Qué imitador! La **CALANDRIA DEL NORTE**, el pájaro del estado, puede cantar como 200 otras aves e incluso imitar el canto de ranas, grillos y sirenas.

¡Puaj! Ese hedor almizclado viene del **PECARÍ**. Con su largo hocico de cerdo, este pecarí puede parecer un jabalí, pero es un pecarí. Podrás encontrarlos masticando tunas jugosas.

¡No te dejes engañar por su nombre! **El ARMADILLOS DE NUEVE BANDAS**, el pequeño mamífero oficial del estado, tienen entre 7 y 11 bandas en el cuerpo. Los armadillos saltan directamente en el aire cuando se los sorprende, ¡y esto sorprende a sus atacantes! Las hembras de armadillo ¡casi siempre dan a luz cuatro cuatrillizos idénticos!

El **LACY AZUL**, que se cree que es un mezcla de coyote, galgo y sabueso, es el perro del estado. Fue nombrado en honor a los cuatro hermanos Lacy de Hill Country que crearon la raza de este perro de trabajo.

Texas tiene más **CIERVOS DE COLA BLANCA** que cualquier otro estado. Los ciervos levantan la cola como una bandera para advertir a la manada del peligro.

La mayor cantidad de especies de murciélagos de la nación (33). Conoce a dos de nuestros favoritos extravagantes: el MURCIÉLAGO VAMPIRO DE PIERNAS PELUDAS se alimenta de la sangre de las aves y el MURCIÉLAGO CARA DE FANTASMA tiene un perfil muy espeluznante.

El mini tipo-dinosaurio LAGARTO DE TEXAS CON CUERNOS, también conocido como el Sapo Cuernudo, es el reptil del estado. ¡No te metas con ellos! Cuando se enojan o asustan, lanzan chorros de sangre por los ojos.

Cuando el LAGARTO ESPINOSO DE TEXAS macho se siente amenazado por otro macho, ¡comienza un concurso de flexiones! Ambos hacen flexiones hasta que uno se da por vencido y huye.

La LIEBRE COLA NEGRA puede saltar hasta 20 pies en un solo salto (la longitud de un trampolín de patio) y corre en zigzag cuando trata de escaparse de los depredadores. ¡Muy audaz!

El PATO SILBADOR DE PANZA NEGRA con aspecto de ganso, no grazna, sino que silba. Ruidosamente. Anida en el interior de árboles costeros huecos.

Encontrados en el Valle del Río Bravo, los CHACHALACAS (¡dilo rápido tres veces!) se llaman así por su gritos cha-cha-lac temprano en la mañana.

La SALAMANDRA CIEGA DE TEXAS, en peligro de extinción, solo vive en cuevas llenas de agua en el condado de Hays. Como permanece en la oscuridad total y no necesita ver, sus ojos son solo dos puntos negros debajo de su piel.

Creme Puff de Austin fue el GATO MÁS VIEJO, con 38 años. Su dueño le daba de comer tocino de pavo y huevos todas las mañanas. ¡Se ve que el desayuno realmente es la comida más importante del día!

El libro, la película y el programa de televisión FRIDAY NIGHT LIGHTS se basó en en uno de los equipos de fútbol americano de las escuelas secundarias de Odessa.

En la década de 1950, arqueólogos descubrieron restos fosilizados de una mujer prehistórica en el Rancho Scharbauer en el condado de Midland. La llamaron MIDLAND MINNIE.

Los estadios cuentan con tableros JUMBOTRON de alta definición que hacen juego con el jumbo-orgullo de las escuelas.

MIDLAND se llamaba Midway (a mitad de camino), porque en 1881 era el punto medio entre el Fort Worth y El Paso, en el ferrocarril Texas Pacífico. Ahora su apodo es "Ciudad Alta" por su cantidad de rascacielos.

¡Héroes del medio tiempo! Las BANDAS MARCHANTES de Texas se consideran las mejores del país. El líder de la banda se llama el TAMBOR MAYOR, incluso cuando no toca el tambor.

Los masivos **MUMS** para los homecomings (la celebración de recibir a los antiguos alumnos y darles la bienvenida a los nuevos) se preparan con crisantemos, cintas y luces y son una tradición en la Estrella Solitaria. ¡En el 2021 un fabricante de MUMS (sí, eso es un trabajo) en Corpus Christi creó un **MUM** más alto que Big Tex!

La Cuenca Pérmica es el corazón del país petrolero. El **PERÍODO PÉRMICO** fue un tiempo geológico muchos años atrás (hace 299 millones de años) en donde la Tierra tenía un solo continente llamado Pangea.

El **MUSEO DEL PETRÓLEO** en Midland tiene la colección más grande del mundo de equipos antiguos de perforación petrolera.

Midland es el antiguo hogar de los **PRESIDENTES** George H. W. Bush y George W. Bush y la ex Primera Dama Barbara Bush.

El petróleo a menudo se llama **ORO NEGRO**. Se mide en **BARRILES**. Un barril = 42 galones. (Un envase grande de leche contiene un galón).

Cuenca Pérmica

Estamos manejando hacia la Cuenca Pérmica un viernes de otoño por la noche y eso significa una cosa: fútbol americano de nivel secundario bajo luces que se ven a kilómetros de distancia. Los trabajadores han abandonado los campos petroleros y los estadios están repletos de fanáticos jóvenes y viejos. ¿Puedes oír los aplausos? Suenan las bandas de música, los portaestandartes giran y las porristas caen. La pasión aquí, y en todo Texas, por el fútbol americano de la escuela secundaria es más grande que el propio Estado. Busquemos un asiento porque el equipo local acaba de interceptar la pelota y . . . ¡Touchdown!

Inventos geniales

Sueña en grande y abraza lo nuevo, lo increíble, y lo nunca visto. Estas son solo algunas de las muchas invenciones del estado de la Estrella Solitaria.

DR PEPPER (nunca pongas un punto después de Dr) fue inventado por el farmacéutico Charles Alderton en Waco en 1885. La receta es tan ultrasecreta que está dividida en dos mitades, guardadas en cajas de seguridad en dos bancos diferentes.

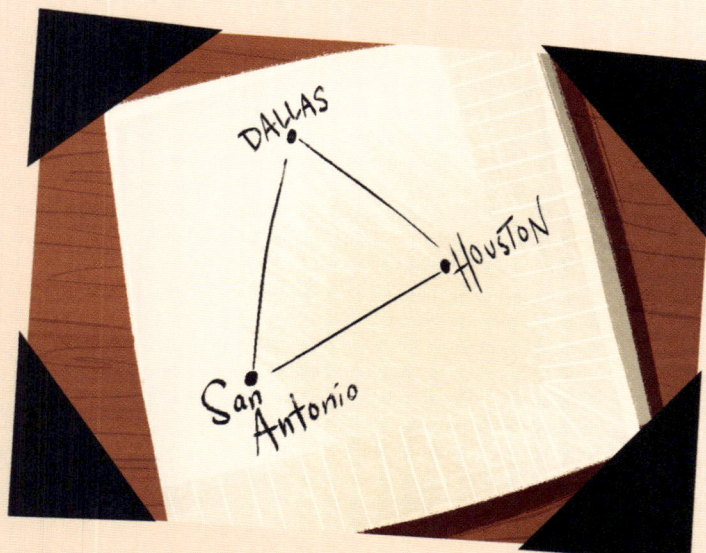

En 1982, en el House of Pies en Houston, tres ingenieros esbozaron un diseño para una computadora personal portátil en el revés de un mantel individual. Esta idea se convirtió en las computadoras COMPAQ.

¡SOUTHWEST AIRLINES comenzó en una servilleta! En 1967, Herb Kelleher y Rollin King dibujaron un triángulo con tres líneas mostrando cómo volarían entre Dallas, Houston, y San Antonio.

En 1984, Michael Dell empezó una empresa de tecnología de un billón de dólares, computadoras DELL, en su dormitorio de la Universidad de Texas.

El chip de computadora de circuito integrado, o MICROCHIP, fue inventado por Jack Kilby de Texas Instruments en Dallas en 1958. Sin el microchip no habría computadoras portátiles ni teléfonos celulares. También inventó la primera CALCULADORA de bolsillo.

En 1978, John Mackey y Renee Lawson Hardy pidieron prestado dinero para abrir una pequeña tienda de alimentos naturales en Austin. ¡Vivían en la tienda, usando el lavavajillas como ducha! Dos años más tarde, se convirtió en el primer supermercado WHOLE FOODS.

Inspirado en la película La Guerra de las Galaxias, George Carter inventó el LASER TAG y abrió el primer local de laser tag en Dallas en 1984.

Samuel Bert, de Dallas, creó el primer CONO DE NIEVE en la Feria Estatal de Texas en 1919. Más tarde patentó la máquina trituradora de hielo para hacer conoS de nieve.

7-ELEVEN comenzó en Dallas en 1927, cuando John Jefferson Green y Joe C. Thompson Jr. comenzaron una venta de leche, huevos y pan delante de las fábricas de hielo locales. El nombre 7-11 proviene de las largas horas que sus "paradas de conveniencia" permanecían abiertas: de 7 a.m. hasta las 11 p.m.

En 1929, el descubrimiento de un pomelo rojo creciendo en un árbol de pomelo rosado, en el Valle del Río Grande, llevó a la creación del POMELO dulce ROJO RUBÍ, la fruta oficial del Estado.

La IMPRESIÓN 3D se inició a principios de la década de 1980 en la Universidad de Texas en Austin con un proceso llamado sinterización selectiva por láser.

Las FRITOS, papitas de maíz rizadas, fueron inventados en 1932 en San Antonio por Charles Doolin. FRITO PIE, un bocadillo popular en los stands de snacks, está hecho llenando la bolsa de Fritos con chili, queso, y, a menudo, cebollas.

El primero camión de comida de Estados Unidos, el CHUCK WAGON fue inventado en 1866 por Charles Goodnight para llevar equipos de cocina y comida (mayormente frijoles, carnes curadas, y galletas) para los arreos de ganado.

El HENNESSEY VENOM F5, hecho en Sealy, es uno de los los autos más rápidos del mundo. ¡Ha cronometrado velocidades de más de 300 millas por hora!

Esta zona fue el hogar de los COMANCHE.

EL CAÑÓN DE PALO DURO, el segundo cañón más grande del país (después del Gran Cañón en Arizona), se sumerge en las llanuras como una cordillera al revés. Los cañones de roca roja son perfectos para hacer senderismo y cabalgatas.

Los primeros colonos construyeron MOLINOS DE VIENTO para bombear aguas subterráneas para el ganado y las personas porque había poca agua de superficie. Date una vuelta por el Museo Americano del Molino de Viento en Lubbock.

¿Hambriento? En el Big Texan Steak Ranch and Brewery, la comida es gratis si puedes terminar su enorme BISTEC de 72 onzas, más todas las guarniciones, en menos de una hora.

El Panhandle de Texas

¡Un cielo infinito llama! A medida que viajamos por el el super-plano Panhandle de Texas, parece que la carretera abierta y el cielo azul continuaran por millas y millas. Esta es una región de maravillas naturales, praderas de hierba corta, ganado longhorn y berrendos, y un montón de rarezas a lo largo de la histórica Ruta 66.

¿Sabías que una VACA defeca unas 15 veces al día y produce alrededor de 22,000 libras de estiércol por año?

LLANO ESTACADO es una de las **MESETAS** más grandes— una colina de cima plana con lados abruptos. Los colonos pensaron que esta forma geográfica se parecía como a una mesa. En ingles también se le dice "mesa".

Lubbock es la ciudad natal del **BUDDY HOLLY**, el rockero de los 1950.

Trae una lata pintura en aerosol para hacer grafitis en los autos del **CADILLAC RANCH**, una fila de 10 autos Cadillac atascados nariz-abajo en el suelo. Supuestamente están enterrados al mismo ángulo como la Gran Pirámide de Giza en Egipto!

El **PRONGHORN** es el único animal en el mundo con cuernos que se ramifican. También es el herbívoro más rápido del mundo, alcanzando velocidades de hasta 60 millas por hora.

¡Aquí vienen los pastos rodadores! Basta un viento fuerte para mandar esta hierba (su nombre real es cardo ruso) rodando, esparciendo miles de semillas a medida que avanza.

La **RUTA 66** corre a través del Panhandle. También llamada "Calle Principal de América" y "Camino Madre", fue la primera gran carretera en conectar las ciudades Chicago (Illinois), y Santa Mónica (California) cuando fue construida en la década de 1920.

PRAIRIE DOG TOWN en Lubbock es un santuario para los perritos de la pradera de cola negra. Estos pequeños animales no son perros (más bien ardillas) y se saludan entre sí con un beso! Al tocarse con las narices y los dientes, pueden identificar si son miembros del mismo grupo familiar.

Festivales divertidos

Texas está repleto de festivales un poco raros y totalmente asombrosos (y a veces un poco de ambos). Desde las rosas a los mosquitos a la escupida de semillas de sandía, ¡hay algo para todos los gustos!

Brownsville y su pueblo hermano mexicano, Matamoros, celebran los DÍAS DEL CHARRO. La fiesta comienza con un fuerte GRITO tradicional mexicano, un grito de celebración.

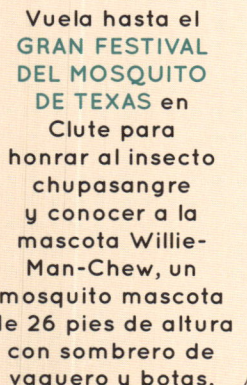

Vuela hasta el GRAN FESTIVAL DEL MOSQUITO DE TEXAS en Clute para honrar al insecto chupasangre y conocer a la mascota Willie-Man-Chew, un mosquito mascota de 26 pies de altura con sombrero de vaquero y botas.

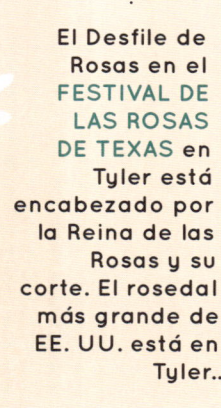

El Desfile de Rosas en el FESTIVAL DE LAS ROSAS DE TEXAS en Tyler está encabezado por la Reina de las Rosas y su corte. El rosedal más grande de EE. UU. está en Tyler..

Mira hasta dónde puedes escupir en el Campeonato Mundial del escupitajo de semillas en el "THUMP" DE SANDIAS DE LULING. "Thump" es el sonido que escuchas cuando golpeas una sandía madura con el nudillo.

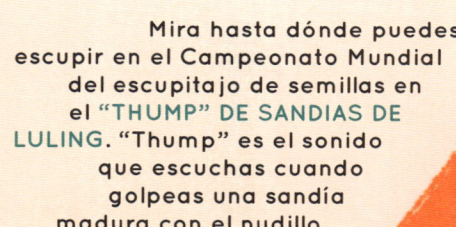

¿Listo para levantar los talones y celebrar la herencia checa en el FESTIVAL NACIONAL DE POLKA de Ennis y WESTFEST en el Oeste?

Deja volar tu imaginación en el FESTIVAL DE COMETAS ABC en Austin.

¿No es avena-turoso que el Festival de la Avena de Bertram tenga un CONCURSO DE COMER AVENA?

¡Rocas y roll! El Festival de Arte de la Tierra en Llano auspicia el CAMPEONATO MUNDIAL DE APILAMIENTO DE ROCAS, con premios para la pila más alta, el mejor equilibrador, y a la mayor cantidad de rocas en una sola torre.

EL FESTIVAL DE LA FRESA DE POTEET es una de las fiestas de bayas más grandes.

¿Sientes un hormigueo? Un montículo de diversión te espera en el FESTIVAL DE LA HORMIGA DE FUEGO de Marshall, incluyendo el concurso "hacer-caras-feas." ¿Podrías ganar ese?

Las FIESTAS PATRIAS en Houston celebran el Día de la Independencia de México el 16 de septiembre con desfiles, música tejana y bailarines del Ballet Folklórico.

Ponte a cacarear en el CONCURSO DE CACAREO de POLLOS en el Festival del Pollo del este de Texas.

El Festival del Libro de Texas en Austin y el Festival del Libro para Adolescentes del Norte de Texas en Irving están dedicados a fomentar el AMOR POR LA LECTURA. ¡Eso sí que nos gusta!

Fort Worth

Prepárate para la diversión, porque nos dirigimos a Fort Worth para vivir algo del Viejo Oeste. Apodado "Cowtown", Fort Worth fue el corazón del país vaquero y una importante parada de descanso en el arreo del ganado. En los arreos de ganado, los arrieros a caballo movían miles de vacas mugientes de un lugar a otro. En los corrales históricos de Fort Worth todavía se ven vaqueros mover una manada de ganado longhorn por la Avenida East Exchange.

UN LONGHORN DE TEXAS llamado Cowboy Tuff Chex tiene el récord mundial de cuernos más largos extendidos, midiendo 8.6 pies. ¡Es aproximadamente la longitud de una tabla de surf! Los ganaderos que lo adquirieron en una subasta en Fort Worth tuvieron que comprar un remolque extra ancho para llevarlo a casa!

Los **VAQUEROS NEGROS** representaban alrededor de un cuarto de la población de vaqueros del Viejo Oeste.

BILL PICKETT, nacido cerca de Taylor en 1870, de padres que habíuan sido esclavos, fue la primera persona de raza negra homenajeada en el National Rodeo Hall of Fame. Inventó el deporte de "bulldogging", o lucha contra un novillo que corre.

EL PAN DE CAMPO es el pan del estado (sí, hay un pan del estado). La galleta redonda y plana fue hecha por primera vez por vaqueros mexicanos en un **HORNO HOLANDÉS** y más tarde por vaqueros en una sartén de hierro fundido sobre una fogata.

"**TODO SOMBRERO Y NADA DE GANADO**" es un refrán tejano para alguien que habla mucho pero que hace poco.

Rápido, rápido, lento, lento. Así es como cuentas el **DOS PASOS DE TEXAS**. Gira por el salón de baile o prueba con un baile en línea...o dos.

Los **CABALLOS** tienen los ojos más grandes de cualquier mamífero terrestre. Están a cada lado de la cabeza, permitiéndoles ver todo a su alrededor.

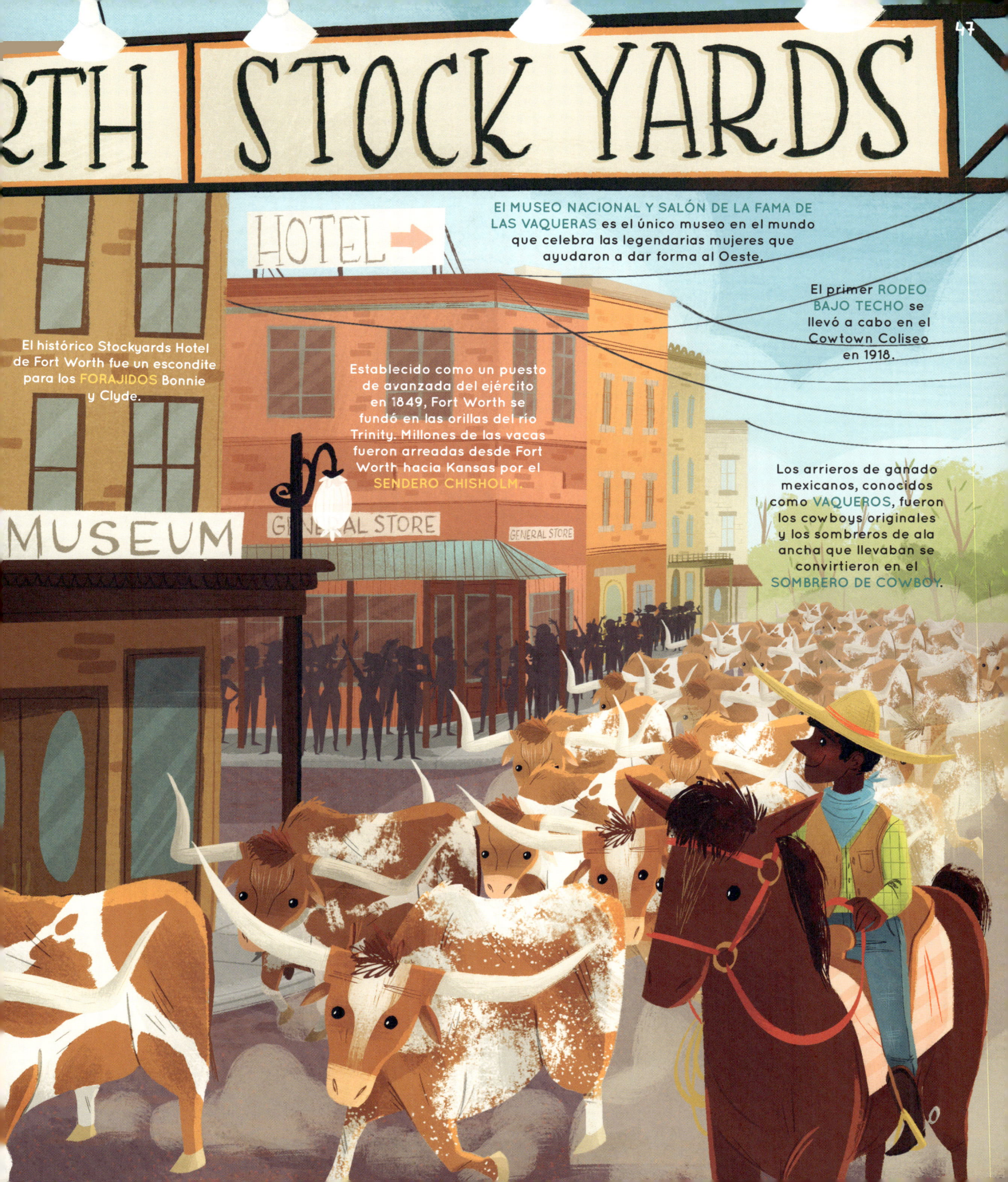

Generadores de cambio

Innumerables creativos y valientes tejanos han transformado nuestro mundo. Decidimos presentarte solo un puñado de los muchos pioneros, artistas, autores, activistas, atletas y líderes influyentes. Muchos fueron los primeros de su comunidad para lograr un objetivo, efectuar un cambio o hacer algo súper chulo.

QUANAH PARKER fue el último líder de la banda Kwahadi de la tribu Comanche. Nacido por el 1848 cerca de Wichita Falls, se convirtió en un guerrero completo a los 15 años. Cuando el gobierno de los EE. UU. trasladó a los Comanches a las reservas, Parker se negó a ir. En 1874 reunió guerreros de entre los Comanche, Cheyenne y Kiowa para luchar en la guerra del Río Rojo. Aguantaron durante un año antes de rendirse. Texas honra el día de Quanah Parker el segundo sábado de septiembre.

A los 89 años, la maestra jubilada nativa de Marshall **OPAL LEE** caminó desde Fort Worth hasta Washington, D.C. Las dos millas y media que recorría cada día representaban el tiempo que demoró en llegar el mensaje formal de la abolición de la esclavitud (enero 1 de 1863) a los texanos de raza negra en Galveston (19 de junio de 1865). En el 2021, Juneteenth fue declarado feriado nacional.

Cantante galardonada, compositora, y actriz, **BEYONCÉ KNOWLES** nació y creció en Houston. Antes de ser cantante solista, formó parte del grupo femenino de R&B Destiny's Child. Beyoncé tiene el récord de más Grammys ganados por una artista femenina.

Antes de convertirse en un autor de best-sellers, **RICK RIORDAN**, originario de San Antonio, trabajó como profesor de secundaria. Su famosa serie *Percy Jackson y los Olímpicos* empezó cuando su hijo le pidió que le contara un cuento basado en mitología griega antes de irse a dormir. También escribió *Las Crónicas de Kane*, la serie de *Magnus Chase*, y *Las Pruebas de Apolo*. ¡Se han impreso más de 100 millones de ejemplares de sus libros!

SANDRA DAY O'CONNOR fue la primera mujer nombrada a la Corte Suprema de Justicia, el tribunal más alto de los Estados Unidos, y ocupó ese cargo desde 1981 hasta el 2006. Nacida y educada en El Paso, trabajó como abogada antes de convertirse en jueza.

BESSIE COLEMAN, de Atlanta, fue la primera mujer negra y la primera mujer de descendencia Cheroqui en obtener una licencia de piloto en Estados Unidos. Tuvo que mudarse a Francia para aprender a volar, porque ninguna escuela de EE. UU. le enseñaría. Regresó y realizó sus famosos trucos aéreos en espectáculos por todo el país.

Nacido en Rogers, **ALVIN AILEY** actuó en Broadway antes de fundar su compañía el Alvin Ailey American Dance Theater en 1958. Coreografió 79 ballets y danzas modernas, a menudo inspirándose en servicios eclesiásticos y música de los salones de baile locales. Recibió la Medalla Presidencial de la Libertad por sus contribuciones a los derechos civiles y a la danza en Estados Unidos.

PAUL "RED" ADAIR de Houston fue uno de los bomberos de pozos petroleros más famosos del mundo. En 1962, apagó un fuego de gas que había ardido durante seis meses en el Desierto del Sáhara, y después de la Guerra del Golfo luchó contra miles de incendios en pozos petroleros en Kuwait. Su apodo era por su pelo rojo, su ropa completamente roja, y los autos y camionetas rojas que conducía.

El cantante y compositor de música country **WILLIE NELSON**, nacido en Abbott, obtuvo su primera guitarra a los 6 años y tocó con una banda local de polka a los 10. Se mudó a Austin y comenzó a grabar y presentar su música country "outlaw" ganando 10 premios Grammy. Cada 4 de julio, auspicia un gran picnic-concierto. Cuando no está cantando, se dedica a cuidar caballos rescatados en su rancho en Hill Country.

SIMONE BILES es la gimnasta más condecorada de todos los tiempos con 32 medallas de juegos olímpicos y campeonatos mundiales. Después de pasar años en cuidado familiar temporal, sus abuelos la criaron en la zona de Spring, donde a los 6 años comenzó clases de gimnasia deportiva. Cuatro movimientos gimnásticos llevan su nombre, los llamados "The Biles." En 2022 recibió la Medalla Presidencial de la Libertad.

La mexicoamericana **EMMA TENAYUCA**, nacida en San Antonio, fue líder sindical y activista por los derechos civiles. La arrestaron a los 16 años por protestar contra la fábrica de cigarros Finck por sus prácticas laborales injustas. Se hizo famosa por organizar la huelga de los peladores de nueces pecanas de 1938. Pelar nueces era uno de los trabajos peor pagados, e inhalar el polvo de la nuez pecana causaba graves problemas de salud. La llamaban "La Pasionaria" porque defendía a los trabajadores pobres.

La cantante y compositora superestrella Selena Quintanilla Pérez, nacida en Lake Jackson, a los 10 años fue la cantante principal de la banda de su padre. Como cantante solista, era conocida simplemente como **SELENA**, y su hermosa voz popularizó la música tejana en todo el mundo. Su vida se truncó en 1995, justo cuando se estaba convirtiendo en una superestrella.

Nacida en Port Arthur y criada en Beaumont, **MILDRED "BABE" DIDRIKSON ZAHARIAS** fue una de las mejores atletas femeninas. En 1932 obtuvo las medallas olímpicas de oro y plata en vallas, jabalina y salto en alto. También fue estrella de baloncesto, béisbol, y golf. Ganó 82 torneos y creó la Asociación de Golfistas Profesionales Femeninas.

Con el techo retráctil cerrado, toda la Estatua de Liberty podría caber en el estadio (técnicamente en Arlington, no Dallas) donde juegan los DALLAS COWBOYS.

El Highland Park Village, desarrollado en 1931, fue el primer CENTRO DE COMPRAS planificado en América.

Únete al escuadrón del horizonte para tener una vista de la ciudad de 360 grados en el GeO-Deck ubicada en la orbe, o "La Bola", de la REUNION TOWER.

¿Has visto la escultura de 30 pies de altura de un GLOBO OCULAR en medio del centro de la ciudad?

Dallas

Con un solo salto hacia el este llegamos a la "Gran D." ¡Miren esa vista! El reluciente horizonte de rascacielos de Dallas es tan deslumbrante que ha sido votado como el mejor del mundo. La emoción de la gran ciudad late en el aire. El Distrito de las Artes de Dallas, el más grande de el país, cuenta con 19 cuadras de museos, locales y galerías. ¿Tienes ganas de hacer compras? Dallas tiene más tiendas por persona que cualquier otra ciudad de los Estados Unidos. ¡Veamos que tiene la Gran D para nosotros!

En 1963, el presidente JOHN F. KENNEDY fue asesinado mientras viajaba en un auto descapotable por Dealey Plaza. Se cree que los disparos fatales se realizaron desde la ventana del sexto piso del ex Depósito de Libros Escolares de Texas. Ahora hay un museo allí que se llama el MUSEO DEL SEXTO PISO.

Los habitantes de Dallas buscan PAPAS FRITAS con QUESO CHEDDAR Snuffer, que gotean queso derretido, o una taza de ELOTE, maíz hervido con queso cotija desmenuzado, crema y mantequilla.

La tienda de Neiman Marcus, que se inauguró en 1907 en Dallas, es famosa por su catálogo navideño de REGALOS DE FANTASÍA increíbles. ¿Preferirías recibir un sombrero de diez galones para tu perro, tu propio helicóptero, o clases de natación para sirenas?

Una de las copias originales de la DECLARACIÓN DE LA INDEPENDENCIA está en exhibición en la biblioteca pública de Dallas.

Una feta del PASTEL DE BODAS del expresidente Woodrow Wilson fue enterrada en el pilar de la escuela secundaria Woodrow Wilson hace casi 100 años atrás.

Muchos músicos legendarios de blues y jazz, como Stevie Ray Vaughan y T-Bone Walker, comenzaron a tocar en el barrio de DEEP ELLUM.

El centro comercial The Galleria de Dallas cuenta con el ÁRBOL DE NAVIDAD interno más alto del país.

Asombrados por la Madre Naturaleza

Tornados, huracanes, inundaciones, sequías y temperaturas extremas: a la Madre Naturaleza le gusta desafiar al estado de la Estrella Solitaria. Pero no importa qué peligro aterrador se les presente, los tejanos conocen el secreto para mantenerse a salvo: están preparados. Hacen planes con sus familias, reúnen suministros, empacan kits de emergencia... porque mantenerse Texas fuerte es fácil cuando estás listo para cualquier cosa.

La gran tormenta

El GRAN HURACÁN DE GALVESTON del 1900 fue el desastre natural más letal en la historia de Estados Unidos. La tormenta épica hizo que las olas del océano se levantaran entre 8 y 15 pies, dejando la ciudad en ruinas y cobrando entre 6,000 y 12,000 vidas.

Se la llama LA GRAN TORMENTA porque los meteorólogos no empezaron a nombrar tormentas hasta la década de 1950. Bajo la dirección de Clara Barton, la La Cruz Roja recaudó dinero para construir un orfanato para las víctimas de la tormenta vendiendo fotografías de la destrucción.

Ojo de la tormenta

Se han registrado más TORNADOS en Texas que en cualquier otro estado. La mayoría tocó el suelo en el norte del Red River Valley. Parece que los meses de primavera entre las 4 y las 8 p.m. son los momentos más populares para estos remolinos de aire. Algunos meteorólogos (científicos del clima) son CAZADORES DE TORMENTAS. Conducen hasta arrimarse bien cerca a los tornados para aprender cómo funcionan. ¿Yo? ¡Corro en la dirección opuesta!

Que llueva, que llueva

En 1979, la tormenta tropical Claudette ¡dejó caer 42 pulgadas de lluvia en Alvin en solo 24 horas! Cuando el huracán Harvey sopló a través de Port Arthur en el 2017, arrojó más de 60 pulgadas de lluvia, estableciendo el récord nacional de LLUVIAS MÁS INTENSAS de un ciclón tropical.

Sequía

Para luchar contra la SEQUÍA de principios del 1900 en el oeste de Texas, C. W. Post (fundador de la compañía de cereales) trató de darle una mano a la Madre Naturaleza. Colocó explosivos en cometas y los hizo volar hasta las nubes (¡23 veces!) para estimular una lluvia. Sin embargo, su plan chisporroteó, y la tierra se mantuvo seca. Una serie tormentas de polvo llamadas el DUST BOWL en la década de 1930 devastaron las llanuras del Panhandle, destruyeron cultivos y mataron ganado. Durante años, la gente soportó vivir con polvo en la cama, las paredes, el cabello, los ojos y los dientes.

Oro negro

En 1901 explotó un enorme GEISER DE PETRÓLEO en un sitio de perforación en SPINDLETOP HILL y comenzó el auge petrolero en Texas. ¡El líquido salió expulsado más alto que un edificio de 18 pisos! Nadie había visto un chorro tan poderoso y abundante. Hoy en día, una réplica en Beaumont rocía agua hacia el cielo.

El PETRÓLEO se encuentra en las profundidades del subsuelo y ha estado allí durante millones de años. Se formó por plantas y animales fosilizados enterrados bajo capas de lodo que con el calor y la presión se convirtieron en petróleo.

En Texas no solo hay combustibles fósiles. Con turbinas eólicas abundantes, el estado produce la mayor cantidad de energía eólica renovable del país.

Rockeando

El CRÁTER DE METEORITOS DE ODESSA, el tercero más grande en los Estados Unidos, se formó hace más de 62.000 años cuando meteoritos de níquel-hierro chocaron con la Tierra. La piedra de granizo más grande registrada en el estado cayó durante una tormenta de granizo en Hondo en el 2021. Pesaba 1.26 libras, ¡casi lo mismo que un frasco de mantequilla de maní!

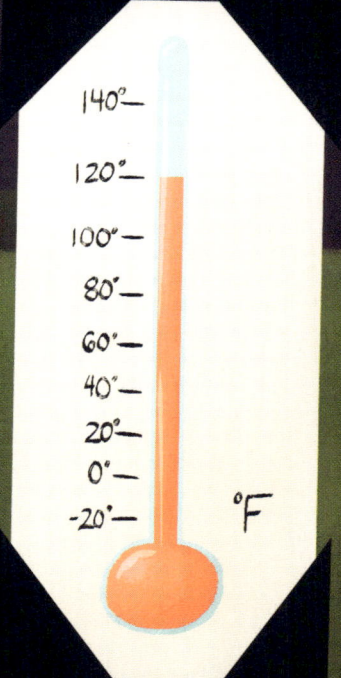

Hace Calor Aquí Afuera

Las temperaturas en Texas alcanzaron los 48 °C, ¡la MÁS CALIENTE en la historia del estado! en 1936 en Seymour y de nuevo en 1994 en Monahans.

Brrr...

Durante la GRAN TORMENTA DE NIEVE del 1899, la gente patinaba sobre hielo en el río Brazos en Waco. El 12 de febrero de 1899, Tulia registró la temperatura más fría del estado: -30 °C.

Los Hasinai de la tribu Caddo vivieron y cultivaron en esta zona entre los años 800 y 1300. Construyeron una sociedad compleja y crearon grandes montículos ceremoniales que aún pueden ser vistos en el sitio histórico CADDO MOUNDS en Alto.

Lake Fork tiene el récord de 36 de las 50 carpas más grandes PESCADAS en el Estado.

Los Piney Woods son parte de de un GRAN BOSQUE que se extiende hasta Arkansas, Luisiana y Oklahoma.

La MÚSICA COUNTRY DEL SALÓN DE LA FAMA DE TEXAS en Carthage celebra a cantantes de la Estrella Solitaria como Gene Autry, Willie Nelson, Waylon Jennings, George Jones y Tex Ritter.

¿Ñames o camote? El YAMBOREE del este de Texas, en Gilmer, en realidad celebra la BATATA. A pesar de que ambas son tubérculos, los ñames y las batatas no son lo mismo. En el este de Texas se cultivan las batatas. ¡Y muchas!

El fruto de las uvas autóctonas MUSCADINE Y MUSTANG es color púrpura oscuro con piel gruesa. Crecen de forma silvestre en el este de Texas.

Al BIG THICKET NATIONAL PRESERVE a menudo se le llama el "Arca Americana" y la "encrucijada biológica de América del Norte" debido a su increíble diversidad de especies.

Durante generaciones, las historias han hablado de una enorme criatura peluda y simiesca llamada WOOLY BOOGER o PIE GRANDE que vive (o no) en lo profundo del bosque.

CADDO LAKE es el hogar del bosque de CIPRESES CALVOS más grande del mundo. El largo y grueso MUSGO ESPAÑOL cuelga de las ramas de estos árboles.

El animal más antiguo de América del Norte, el PEZ ESPÁTULA (paddlefish), vive en el lago Caddo. Data de entre 300 y 400 millones de años, unos 50 millones de años antes de los primeros dinosaurios. Al igual que los tiburones, el pez espátula tiene un esqueleto de cartílago, pero a diferencia de los tiburones, no tiene dientes.

Bosques de pinos

Esta región está llena con —sí, lo adivinaste— altos bosques de pinos. Escondidas en los densos árboles de hoja perenne encontrarás criaturas maravillosas e historias fascinantes. En esta exuberante parte del estado, verás el magnífico lago Caddo, pantanos de movimiento lento, pantanos de aguas negras, colinas redondeadas, praderas y pequeños pueblos llenos de encanto sureño. Respira hondo y tómate un sorbo de té helado para disfrutar del esplendor.

Raro, más raro y rarísimo

Texas puede ser muy rara y a veces las cosas fabulosas no encajan perfectamente en cualquier categoría. Pero esa ser extravagante, ¿verdad? ¡Así que hemos reunido todas las rarezas aquí!

Hay tres **REDES ELÉCTRICAS** en EE. UU.: una para la mitad occidental del país, una para la mitad oriental del país, ¡y una solo para Texas!

En el 2020, la planta de Mars Wrigley de Waco ¡cocinó una enorme barra de **SNICKERS** que pesaba 4,700 libras! Se dice que la familia Mars, allá por 1930, supuestamente nombró la barra de chocolate en honor al caballo de la familia, Snickers.

Las paradas de descanso masivas de **BUC-EE** ganan el premio a la tienda gasolinera más grande del mundo. Beaver Nuggets, los crujientes maíces inflados recubiertos de caramelo, son el bocadillo más popular que venden para los viajes por carretera.

WACO es una de las tres estaciones de radio FM del país cuya sigla es también el nombre de la ciudad.

París, Texas, tiene su propia **TORRE EIFFEL**, pero ¡con un sombrero de vaquero encima!

Hay casi tres cocodrilos por habitante en Anáhuac, la llamada ¡capital del **COCODRILO** de Texas".

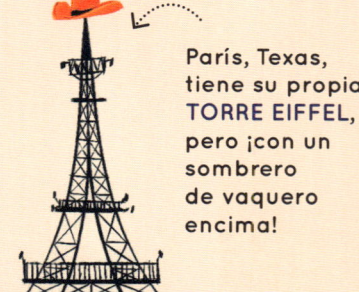

Pixar utilizó el **MIDPOINT CAFÉ** en Adrián (en el punto medio de la Ruta 66) como inspiración para Flo's V8 Café en la película animada Cars.

¡El gran experimento del camello! Entre 1855 y 1866, el ejército de EE. UU. trajo **CAMELLOS** a Texas para mover suministros a través del desierto.

El Moontower Pizza de Burleson, tiene "el Autobús", la PIZZA más grande el mundo comercialmente disponible. ¡Tiene ocho pies de largo!

H-E-B lleva el nombre de su fundador Howard Edward Butt, pero hoy en día las iniciales significan "Here, Everything's Better" ("Aquí, todo es mejor"). Inicialmente, su mamá la había llamado "la tienda de comestibles elegantes de la Sra. C. C. Butt".

¡Arriba, en las nubes! Si caminas hasta la cima del GUADALUPE PEAK, el punto más alto del estado (8,751 pies sobre el nivel del mar), puedes firmar tu nombre en un libro especial. Una brillante pirámide de acero marca la cima.

¿Mencionamos que a Texas le gusta ir a lo GRANDE? Encontrarás algo enorme: Cangrejo Azul en Rockport, Botas de Vaquero en San Antonio, Boca de incendios en Beaumont, Casa de Pan de Jengibre en Bryan, Estatua de la abeja asesina en Hidalgo, Nuez Pecan en Seguin, Pala en Creedmoor, Espuela en Lampasas, Ardilla en Cedar Creek, Tetera en Navasota, y Moneda de madera en San Antonio

Las **CAVERNAS DE SONORA**, una cueva profunda resplandeciente con estalactitas y estalagmitas, fue descubierta cuando un perro de rancho persiguió a un mapache en un hoyo en 1905.

Laredo es la única ciudad en Texas que iza SIETE BANDERAS. La séptima bandera es la de la República del Río Grande.

BIG BERTHA, el enorme tambor retumbante de la la banda marchante de la Universidad de Texas en Longhorn, ¡pesa más de 500 libras!

Ayanna Williams de Houston marcó el récord mundial en el 2017 por tener las UÑAS más largas en la mano de una mujer. Cuando llegaron a tener una longitud combinada de 24 pies y 7 pulgadas, decidió cortárselas porque le daban problemas para hacer sus actividades cotidianas, ¡como lavarse la cara!

Index

A

apodo "estado de la estrella solitaria" 12
festival de cometas ABC 44
Festival del Arte de la Tierra en Llano 45
Adair, Paul "Red" 49
Addison 17
producción agrícola 13
Ailey, Alvin 49
primer vuelo militar 17
Álamo 17, 23
Alderton, Charles 40
cocodrilos 56
Álvarez de Piñeda, Alonso 16
Ailey, Alvin 49
Amarillo 28, 29, 42
flor de cestería americana 25
Salón de fama y museo del caballo cuarto de milla americano 29
Museo Americano del Molino de Viento 42
"capital mundial de cabra angora" 27
apache 16, 35
apilar rocas 45
Apollo 11 14, 16
Apollo 13 14
Apollo 14 24
Arapaho 17
Arlington 21, 28, 50
armadillos 36
Distrito de las Artes de Dallas 50
enebro Ashe 26
Assault 16
astrodomo 15
astronautas 14, 15
Atakapa 16
Atlanta 48
Austin 10-11, 12, 13, 21, 25, 35, 37, 40, 45
Austin, Stephen F. 25
Autry, Gene 54

B

panadería más antigua 27
bánh mì 33
balsero 30
barbacoa 32
Museo de Barney Smith del Arte del Asiento del Inodoro 28
carrera de barriles 20
isla barrera 13, 19
Barton, Clara 52
basketball 20, 21
murciélagos 11, 13, 30, 37
batata 54
Battle of San Jacinto 16
Baylor University 16
Beaumont 17, 28, 33, 49, 53, 57
Bedford 57
Bert, Samuel 41
Concurso de comer avena 45
Parque Nacional Big Bend 16, 30-31
Big Red 33
Gran Tex 28
Big Texan Steak Ranch and Brewery 42
Big Thicket National Preserve 54
Pie Grande 54
Biles, Simone 49
Billy the Kid 35
bisontes 36
gran tormenta de nieve de 1899 53
helado Blue Bell 32
lacy azul 36
bluebonnet 24, 26
Bonnie and Clyde 47
festivales del libro 45
Museo internacional y Salón de fama de Bowling 21
Bracken Cave 13
Brady 9
río Brazos 53
pan del estado de Texas 46
Brownfield 20
Brownsville 34, 44
Brownwood 9
Bryan 57
Bucc-ee 56
Bush, Barbara 39
Bush, George H. W. 17, 39
Bush, George W. 17
Butt, Howard Edward 57

C

Cabeza de Vaca, Álvar Núñez 17
Caddo (pueblo) 13, 16, 54
lago Caddo 55
Caddo (people) 13, 16, 54
Cadillac Ranch 43
calandria del norte 36
calculadora 40
camellos 56
campeonato mundial de Exposición Internacional 16
carreras automovilísticas 21
capitolio del estado 11, 13
Cars (película) 56
Carter, George 41
Carthage 54
cascabel frita 33
cascarones 22
gato más viejo 37
Cavelier, René-Robert 17
cavernas de Sonora 57
cuevas 13, 26, 35, 37, 57
Cedar Creek 57
ruta migratoria central 19
chachalacas 37
Chappell Hill 24
días del Charro 44
porristas 21
cherokee 16
Cheyenne 17, 48
Chickasaw 16
filete de pollo frito 33
Chihuahua, desierto 30, 31, 35
chile con queso 32
chile de Texas 32
chip de computadora de circuito integrado 40
camino Chisholm 47
Chow, Joe 17
árbol de Navidad 51
Chuck wagon 41
Ciudad Juárez 34
Guerra Civil 16
clases de castillos de arena 19
concurso de cacareo de pollos 45
Coahuiltecan 16

Coleman, Bessie	48	
deportes universitarios	20, 21, 35	
río Colorado	10	
Columbus	29	
Comanche	16, 17, 25, 35, 42, 48	
computadoras Compaq	40	
condado de Loving	13	
condado de Mason	26	
cono de nieve	41	
cráter de meteoro	53	
bicho conenose	30	
flores coreopsis	25	
Corpus Christi	18, 19, 33, 39	
álamo de Norteamérica	24	
robles del concejo	25	
Salón de Fama de Música Country	54	
botas de vaqueros	34, 57	
sombreros de vaqueros	46, 47, 56	
vaqueros	46, 47	
Creedmoor	57	

D

Dallas	16, 28, 40, 41, 50-51
Dallas Cowboys	50
dance drill teams	21
Davis, Gussie Nell	21
Declaración de Independencia	17, 51
declararse estado	12, 16
Deep Ellum	51
ciervos de cola blanca	36
Dell, Michael	40
Denton	25
dinosaurios	16, 30
Dr Pepper	40
sequía	53
pato silbador de panza negra	37
Dust Bowl	53

E

Eberly, Angelina	10
meseta Edwards	27
torre Eiffel	56
Eisenhower, Dwight D.	16
El Paso	8, 16, 17, 34-35, 38, 48
condado El Paso	35
Proclamación de Emancipación	17
empresas tecnológicas	10
energía eólica	53
escuela secundaria Woodrow Wilson	51
estrella en la montaña	35
Roca encantada	27
escultura del globo ocular	50

F

regalos de fantasía	51
Ferguson, Miriam "Ma"	17
feria estatal	28, 41
Fernández, Rosita	23
ruedas de la fortuna	28
Fiestas Patrias	45
uñas, las más largas	57
festival de la fresa	45
festival de la hormiga de fuego	45
Festival del libro para adolescentes del norte de Texas	45
festival nacional de Polka	44
pez	19, 26, 55
pez oficial del estado	26
bandera estatal	12
siete banderas	57
camiones de comida	11, 41
fútbol	20, 35, 38, 50
flor sombrero mexicano	25
Fórmula 1	21
Fort Worth	21, 24, 29, 38, 46-47, 48
jardín botánico Fort Worth	24
corrales históricos de Fort Worth	46
zoológico de Fort Worth	29
Foyt, A. J.	21
Fredericksburg	27
Friday Night Lights	38
Frisco	29
Fritos y Frito pie	41

G

centro comercial The Galleria	51
Galveston	17, 18, 19, 48, 52
país de los caimanes	28
joya del estado	26
centro geográfico	9
George W. S. Abbey Rocket Park	15
Guerra de las Galaxias	41
González, Henry B.	16
Goodnight, Charles	41
Grand Saline	29
pomelo rojo	41
Great Galveston Hurricane	17, 52
gran tormenta	52
gran festival del mosquito de Texas	44
gran correcaminos	31
Green, John Jefferson	41
Guadalupe Peak	57
Guerra entre México y Estados Unidos	16
Gulf Coast	8, 16, 18-19
corriente del golfo	19

H

piedra de granizo más grande	53
Haltom City	17
Hardy, Renee Lawson	40
roca encantada	27
condado Hays	37
H-E-B	57
Heisman, John William	20
trofeo Heisman	20
Hennessey Venom F5	41
salto Herkie	21
Herkimer, Lawrence	21
Hidalgo	57
mascotas de secundarias	21
deportes de secundarias	20-21, 38, 39
lugar más alto del estado	57
Highland Park Village	50
Hill Country	16, 26-27, 36
Holly, Buddy	43
jalea de pimiento picante	33
Houston	10, 13, 14-15, 16, 17, 20, 21, 29, 40, 45, 48, 49, 57
Cometas de Houston	21

Houston, Sam	10	
condado Hudspeth	35	
Hueco Tanks (tanques huecos)	35	
husos horarios	35	
huracán de Galveston	52	
huelga de peladores de nueces pecanas de 1938	49	
Hutchison, Kay Bailey	17	

I

Idiomas más hablados	12
Montaña rusa Iron Shark	19
impresión 3D	41
Irving	45

J

Museo Jack Sisemore de Viajes y Casas Rodantes	28
pozo de Jacob	26
Jennings, Waylon	54
Johnson, Lyndon B.	14, 16
Centro espacial Johnson	14-15, 16
Jones, George	54
árbol jujube	24
Jumano	16
jumbotron	38

K

Karankawa	16
kayakista	30
Kelleher, Herb	40
Kennedy, John F.	16, 50
Kickapoo	16
Kilby, Jack	40
King Ranch	13
King, Richard	16
King, Rollin	40
Kingsville	13
Kiowa	17, 36, 48
kiteboarding	18
Knowles, Beyoncé	48
kolaches	32

L

lagartos	37
Lake Fork	54
Lake Jackson	33, 49
lana de angora	27
Lampases	57
Laredo	34, 57
laurel de montaña de texas	25
museo del agua de Laredo	29
laser tag	41
lechuguilla	31
Lee, Opal	48
liebre cola negra	37
límite de velocidad	13
Lincoln, Abraham	16
Llano Estacado	43
López de Santa Anna, Antonio	17
Lubbock	42, 43

M

Mackey, John	40
mariquitas	31
Marshall	45, 48
Matamoros	34, 44
México	17
Midland	38, 39
condado Midland	38
Midpoint Café	56
Monahans	53
molinos de viento	42
monument column	13
País de las Maravillas de Morgan	29
mums	39
murales	10
música tejana	26, 45, 49
Isla Mustang	18

N

Museo Nacional y Salón de Fama de las Vaqueras	47
Museo Nacional de la Historia Funeraria	29
Museo Nacional de Videojuegos	29
Navarro College	21
Navasota	57
Neiman Marcus	51
Nelson, Willie	49, 54
New Braunfels	21, 27, 28
North Padre Island	18
Nuevo Laredo	34

O

obelisco	13
O'Connor, Sandra Day	48
Odessa	38, 53
O'Neal, Shaquille	21

P

isla del Padre	18
isla Padre	13, 18
cañón Palo Duro	42
pan de campo	46
Panhandle	42-43, 53
Paris	56
Parker, Quanah	48
parque acuático	28
pastos rodadores	43
pecan	24, 33, 57
pecarí	36
Pérez, Selena Quintanilla	23, 49
cuenca pérmica	38-39
petróleo, plataforma petrolífera	13, 17, 19, 39, 53
Museo del Petróleo	39
Cueva de Phantom Springs	13
Pickett, Bill	46
bosque de pinos	54-55
pino loblolly	24
muelle de pesca Desembarco del Pirata	19
Museo Histórico de las Llanuras del Panhandle	29
pizza	57
planificado, primer	50
población	12
Port Arthur	49, 52
Puerto Isabel	19
Poteet	45
festival de pollos	45
redes eléctricas	56
Prairie Dog Town	43
cactus nopal	25, 28,

36
primer ferrocarril 16
pronghorn 43

R

récord de lluvia 52
Red River War 17, 48
Reunion Tower 50
Rice University 15, 20
guerra del Río Rojo 16, 29, 30–31, 34
Riordan, Rick 48
Ritter, Tex 54
Paseo del Río 22–23
Rocket Park 15
Rockport 57
Rocksprings 27
rodeos y sala de fama del rodeo 20, 46, 47
Rogers 49
desfile y festival de rosas 13
rosedal 13
puente de Rosita 23
Ruta 66 42, 43, 56

S

salamandra ciega 37
museo del palacio de la sal 29
San Antonio 13, 16, 17, 21, 22–23, 29, 40, 41, 48, 49, 57
San Antonio de Valero 17
cárcel San Elizario 35
monumento a San Jacinto 13
Santa Anna. See López de Santa Anna, Antonio
Museo de Santa Claus 29
cañón de Santa Elena 30
Schlitterbahn 28
Sea Turtle, Inc. 18
Sealy 41
Seguin 57
Selena. See Pérez, Selena Quintanilla
Selena Bridge 23
7-Eleven 41
silueta de Texas 9
Shawnee 16
centro de compras Six Flags 28

Museo del Sexto Piso 50
esclavitud 16–17, 48
Snuffer 51
Spindletop Hill 17, 53
Spring 49
Sun Bowl 35
sunsets, purple 10
superlativos 13
Swoopes, Sheryl 20

T

tacos de desayuno 11
tamales 33
tarántulas 31
Taylor 46
Telles, Raymond Lorenzo, Jr. 16
Tenayuca, Emma 49
festival del libro de Texas 45
longhorn de Texas 46
madroño de Texas 30
teatro musical al aire libre de Texas 42
Texas Rangers 13
Texas redbud 25
festival de las rosas de Texas 44
Museo Texas Surf 19
Texas Tech 20, 21
Festival del libro para adolescentes de Texas 45
Texas toast 33
dos pasos de Texas (baile) 46
comida Tex-Mex 32
Thompson, Joe C., Jr. 41
"thump" de sandías de Luling 44
flores secas de tickseed 25
Tigua 35
Tonkawa 25
topaz 26
tormentas 52
tornadoes 52
región Trans-Pecos 35
Tratado de Guadalupe Hidalgo 16
tranvía 35
Trinity Valley Community College 21
Ganador de la Triple Corona 16
Truong, An 17
túneles 14

Tyler 13, 44

U

Universidad Cristiana de Texas 20
Universidad de Houston 20
Universidad Metodista Southwest Airlines 40
Universidad de Texas 20, 40, 41, 57

V

vaqueros 16, 46, 47
Vaughan, Stevie Ray 51

W

Waco 32, 40, 53, 56
radio WACO 56
Walker, T-Bone 51
taxi acuático 22
West (pueblo) 44
Westfest 44
Whataburger 33
Whole Foods 40
Wichita 16
Wichita Falls 48
Williams, Ayanna 57
wooly booger 54

Z

Zaharias, Mildred "Babe" Didrikson 49